10 lições sobre Rousseau

Dados Internacionais de Catalogação na Publicação (CIP)
(Câmara Brasileira do Livro, SP, Brasil)

Lima, Rômulo de Araújo
10 lições sobre Rousseau / Rômulo de Araújo Lima. 3. ed. – Petrópolis, RJ : Vozes, 2014. – (Coleção 10 Lições)
Bibliografia.

3ª reimpressão, 2020.

ISBN 978-85-326-4349-0
1. Rousseau, Jean-Jacques, 1712-1778 – Crítica e interpretação I. Título. II. Série.

12-02288   CDD-194

Índices para catálogo sistemático:
1. Rousseau : Filosofia francesa   194

Rômulo de Araújo Lima

10 LIÇÕES SOBRE ROUSSEAU

EDITORA
VOZES

Petrópolis

© 2012, Editora Vozes Ltda.
Rua Frei Luís, 100
25689-900 Petrópolis, RJ
www.vozes.com.br
Brasil

Todos os direitos reservados. Nenhuma parte desta obra poderá ser reproduzida ou transmitida por qualquer forma e/ou quaisquer meios (eletrônico ou mecânico, incluindo fotocópia e gravação) ou arquivada em qualquer sistema ou banco de dados sem permissão escrita da editora.

CONSELHO EDITORIAL

Diretor
Gilberto Gonçalves Garcia

Editores
Aline dos Santos Carneiro
Edrian Josué Pasini
Marilac Loraine Oleniki
Welder Lancieri Marchini

Conselheiros
Francisco Morás
Ludovico Garmus
Teobaldo Heidemann
Volney J. Berkenbrock

Secretário executivo
João Batista Kreuch

Editoração: Maria da Conceição B. de Sousa
Diagramação e capa: Sheilandre Desenv. Gráfico
Ilustração de capa: Omar Santos

ISBN 978-85-326-4349-0

Editado conforme o novo acordo ortográfico.

Este livro foi composto e impresso pela Editora Vozes Ltda.

Para meu pai, Sebastião Ferreira Lima (in memoriam), *que nada entendia de Contrato Social, mas sabia tudo de cidadania e me ensinou.*

E também para Guilherme, meu pequeno keiser, *que um dia enfrentará o Leviatã em busca de liberdade.*

A natureza do espírito se reconhece no que é seu oposto perfeito – a matéria. Como a substância da matéria é a gravidade, assim podemos dizer que a substância, a essência do espírito é a liberdade
(Hegel)

Sumário

Prefácio, 9

Introdução, 17

Primeira lição – Ambiência político-social da obra de Rousseau, 27

Segunda lição – Contribuição de Rousseau aos ideais democráticos, 31

Terceira lição – A essência humana e o estado de natureza, 35

Quarta lição – A construção do conceito de estado de natureza, 40

Quinta lição – Do estado de natureza à sociedade civil, 47

Sexta lição – O Contrato Social (pacto de liberdade), 53

Sétima lição – Natureza e finalidade do Estado, 61

Oitava lição – A sociedade do Contrato Social, 66

Nona lição – A origem dos estados ilegítimos (pacto de submissão), 69

Décima lição – A dupla face do Contrato Social, 75

Conclusão, 79

Referências, 87

Índice dos esquemas, 93

Prefácio

*Paulo Roberto Loyolla Kuhlmann**

A Filosofia é vista ainda hoje como coisa de eruditos, de trato das pessoas que têm ilustração e tempo ocioso, sujeitos que fazem parte de um pequeno e seleto grupo, que pode refletir sobre as questões mais profundas da vida e do pensamento humano. Em consequência, a Filosofia seria somente compartilhada por poucos aristocratas, quiçá nobres, homens de bom berço e boa educação. Não seria imersa na multidão, pois é fruto caro; não seria digerível pelos homens simples.

Entretanto, na própria Filosofia e nascendo da parte de seus grandes pensadores, viu-se a necessidade de realizar a democratização do pensamento reflexivo. Afinal, de que adianta filosofar, sem influenciar, sem abrir caminhos novos de descoberta para as pessoas que possivelmente ficariam ao largo desta senda tão instigante?

Assim ocorreu com Karl Marx, no *Manifesto comunista*, onde o conhecimento filosófico foi sim-

---

* Doutor em Ciência Política pela Universidade de São Paulo e coordenador do Curso de Relações Internacionais da Universidade Estadual da Paraíba.

plificado em nome da prática política, porque Marx acrescentou à Filosofia a necessidade de refletir para mudar o mundo, e não haveria outra forma de realizar esta transformação sem que o pensamento, a iluminação de fora da caverna, fosse acessível e possível para grande parte das pessoas.

Esta proposta de Marx é discutida por Sartre, em *O existencialismo é um humanismo*: a escolha pela vulgarização da discussão é parte do processo de "enfraquecer uma ideia para torná-la ininteligível". Aliás, quando a Filosofia se populariza, além de tudo, fica à mercê da prática e da crítica das "pessoas comuns".

Por mais que alguns critiquem esta vulgarização filosófica, parece que seu curso é irreversível: Cafés filosóficos, livros como *Nietzsche em uma hora* e *Filosofia para ignorantes* têm se tornado cada vez mais comuns, e hoje fazem parte de nosso cotidiano.

A união da imprensa, de Gutenberg, adicionada com a tradução da Bíblia, para divulgar a liberdade de pensar a religião cristã, surgida com Martinho Lutero, deixando o texto bíblico acessível, tanto na língua como na distribuição, mesclada com a união da lógica filosófico-política de facilitar o entendimento. Processos irreversíveis que se acumulam à corrente da globalização do conhecimento por meio da tecnologia, ainda que existam, sempre, resistentes.

Dizer isto também significa que se retiram as barreiras entre os que fazem parte de alguma elite qualquer em relação aos comuns, sejam eles religiosos, ou leigos letrados. Talvez, então, a dimensão da democratização filosófica seja a de igualar os homens, parte da busca dos que, de certa forma, têm conhecimento da igualdade intrínseca entre os homens, mas também conhecem as desigualdades da vida e da realidade entre as pessoas.

Creio que este pequeno livro tem estas finalidades, de democratizar a filosofia, como de buscar a modificação do mundo pela transformação das consciências, além de outra peculiaridade: a de humanizar a figura do filósofo, neste caso, Rousseau, descrevendo-o como um homem em crise em seu tempo, que auxiliou a pensar a crise e a suplantá-la; ainda que nele mesmo residisse uma porção de diferenças e problemas pessoais, assim como são todas as pessoas.

Rousseau é fascinante, e por isto vale a pena a reflexão e a democratização de suas ideias, principalmente no que tange à liberdade, assunto central da reflexão do filósofo. Ao abordar a armadilha da liberdade do homem, afirma ele que o homem é livre, mas a si mesmo se acorrenta; o homem era feliz e solidário, até o momento de declarar "isto é meu", criando a propriedade, quando destrói a harmonia. Portanto, a liberdade é fruto bruto que se perde por decisões impensadas dos homens, que os levam a problemas complexos, e que só uma vontade geral, uma determinação do coletivo, pode vencer as prisões autoimpostas.

O livro intenta apresentar o pensamento político-social de Rousseau em dez breves lições. Primeiramente, aborda o ambiente no qual vivia Rousseau. Sua vida errante, atribulada e indisciplinada na infância e adolescência lhe presenteou com o amor aos livros, talvez herdado do pai.

Este amor pela leitura não lhe gerou a capacidade de ensinar e educar, e nem de conseguir dinheiro suficiente, não sendo bom preceptor, educador, e nem pai; entretanto, proporcionou que criasse ideias incendiárias, e isto Rômulo de Araújo Lima apresenta, com propriedade, já que Rousseau ganhou prêmios literários, tornando-se famoso, e logo em seguida necessitou fugir de Paris carregando seus textos, das suas duas obras mais importantes e incendiárias, com medo de que elas viessem a ser queimadas, e ele, preso: é fogo buscando apagar ideias, fogo destruindo fogo. Fogo que provoca indignação e raiva. Fogo que dá base para a revolução e mudança, que transforma o perseguido em herói. É deste fogo de ideias que Rômulo trata em seu livro, principalmente.

A primeira lição trata de ambientar o leitor quanto ao tempo e os ventos que sopravam na época em que Rousseau viveu, época de conflitos entre a burguesia e a nobreza, e entre a lógica que imperava e mantinha a dominação e a servidão; estes conflitos potenciais são catalisados pelas ideias de Rousseau, porque o desejo pela democracia se sentia; enfim, como tornar os homens livres e iguais, intrinsecamente?

A segunda lição dá voz e vez aos ideais democráticos fortalecidos pelos argumentos de Rousseau; esta democracia não é apenas formal, estabelecendo que a lei deve transmitir o que a vontade geral estabelece legitimamente, mas assinala para a democracia real, apontando a questão da propriedade; enfim, todos os homens necessitam de possuir algo, que supra as necessidades básicas, e que seja fruto de trabalho. Portanto, funde a igualdade econômica com a igualdade política, tema fundamental e controverso até os dias atuais.

A terceira lição trata da essência humana e do estado de natureza, temática já abordada por Thomas Hobbes, que nesse caso coincidem em afirmar que há um estágio inicial anterior à condição social; entretanto, o que para Hobbes era uma essência humana má, por natureza, para Rousseau é boa, e só se torna má, ou inconveniente, após a acepção da propriedade como forma de prática da vida social.

Esta lição afirma que associação entre os homens era esporádica, e por conveniência momentânea, proveniente do nomadismo. Começa a surgir, com o sedentarismo, uma associação embrionária.

Na quarta lição é apresentada a construção do conceito de estado de natureza e sua importância. Distanciado da realidade histórica, mas compatível com a capacidade humana de organização e coerente com a desigualdade visível na sociedade, este conceito possibilita a "reinvenção" da estrutura social vigente. Portanto, o raciocínio abstrato busca criar uma realidade paralela para atingir outro ideal de sociedade, da qual Rousseau era propugnador, a partir da essência fundamental do ser humano, de seus valores mais caros.

Por meio da quinta lição verificamos a perda da liberdade de alguns em favorecimento da dominação e controle de outros, conforme já citado. Nasce a sociedade com um erro de origem. O desenvolvimento humano provoca libertações e escravidões a todo o tempo. Não é à toa que vemos a globalização excludente, dois termos que parecem que não se misturam, já que a globalização foi cantada como uma sereia extremamente formosa, mas que seu canto, necessariamente, não produz libertações. Todo progresso é irreversível, e desmonta as ordens anteriores, provocando novas relações e velhas escravidões. Daí se ressalta a atualidade desta discussão, como se fosse necessário ficar sempre alerta às novas prisões criadas pelo progresso, o que coloca sob suspeita o Iluminismo, pai da ciência como deus, justamente no período em que ele nascia e se consolidava.

Como desfazer este tremendo nó social? Por meio do Contrato Social, apresentado pela sexta lição. O Contrato Social visa garantir uma vontade geral, momento em que se cria um Estado soberano que regulará as relações humanas de acordo com o interesse da comunidade, da república, a união de cidadãos, que não devem subserviência a ninguém, mas sim ao bem comum, de um grupo que se valoriza e se estrutura a partir deste ponto. Portanto, neste momento as pessoas se submetem a si mesmas, e aí reside a liberdade, tratada pela sétima lição, que traduz a natureza e finalidade do Estado como a de se colocar como o fiel escudeiro da liberdade comunitária, parte da escolha legítima de seus cidadãos. Não é a liberdade individual máxima possível, existente no estado de natureza, instintiva, mas sim a liberdade comunitária desejável. O coletivo substitui a força individual, e o Estado é o garante desta liberdade comum.

Na oitava lição pode-se entender a idealização da sociedade do Contrato Social, enfim, a sociedade desejada. Uma utopia, logicamente, mas que se realizou também por causa da criação do pensamento. Esta idealização de sociedade trata a propriedade como tendo valor social; estes conceitos apresentam as bases futuras para a instituição legal da ideia da propriedade com finalidade social, uma das partes da cidadania social, junto com a educação e a saúde, dentre outras.

Além disto, esta democracia social tem a característica de ser parte do voto e prescrição diretos, ou seja, não há representantes que decidem indiretamente as questões do povo; ninguém pode ou deve se isentar desta autoatribuição política. A representatividade que vemos hoje nas democracias de grandes países é uma adaptação, já que seria quase impossível criar uma democracia direta em países.

Na nona lição, que aborda a origem dos estados ilegítimos, verifica-se a discussão que apresenta a união das desigualdades de força e inteligência entre os homens, somadas à ambição, que proporcionam a riqueza de uns e a miséria de outros. Se o Estado, criado pelo Contrato Social, não garantir a vontade geral e mantiver as desigualdades e a usurpação de uns pelos outros, é considerado ilegítimo. Portanto, Rousseau cria o direito à resistência e à rebelião de parte daqueles que se sentem usurpados por um Estado que não garante a liberdade comum.

Assim afirma, indiretamente, a décima lição – A dupla face do Contrato Social – que aponta ser o Contrato Social algo intrínseco ao ser humano, e que possibilita que os cidadãos recuperem a origem do direito natural deixada ao largo da estrada na concretização da civilização, caminho evolutivo sem volta, mas que deve ser restabelecido conforme a vontade dos homens. Entretanto, o Prof. Rômulo de Araújo Lima faz bem em apontar, além do conceito, a necessidade de o Contrato Social estar vivo em todos os tempos.

A educação faz parte do processo de transformação dos indivíduos, que alteram a sociedade e seus governantes. Creio que o livro faz parte desta dinâmica. Meu desejo é que o Rômulo de Araújo Lima continue a trilhar a senda da democratização do conhecimento, guerreando nas letras, guerra grandemente nobre.

Introdução

O objetivo destas lições consiste na abordagem crítica dos principais conceitos utilizados por Jean-Jacques Rousseau para analisar a origem, natureza e finalidade do Estado.

Cabe ressaltar, ainda, que não é nossa pretensão esgotar o assunto, ou formular respostas definitivas às inúmeras dúvidas e indagações que o estudo da doutrina e do pensamento de Rousseau suscita. Por outro lado, é válido acrescentar que a tarefa não está imune a obstáculos e súbitas perplexidades oriundas da forma inusitada com que a matéria é exposta pelo sábio de Genebra. Mesmo porque há quem flagre entre os conceitos sustentados em seus principais escritos uma contradição insuperável.

> Outros comentadores acreditaram ver uma contradição entre as teses desse *Discurso sobre a desigualdade* e a obra intitulada *Do Contrato Social*. Na primeira, o autor parece defender um individualismo radical, fazendo a sociedade a fonte dos males de que padece o homem. Na segunda, ao contrário, parece defender um coletivismo à medida que promove, por exemplo, a ideia da excelência da pátria e do interesse

coletivo, que deve prevalecer sobre o interesse individual[1].

Assim, tomando como fundamental que essas constituem suas principais obras, ou, pelo menos, as que mais influência exerceram, buscamos articular as duas abordagens em um todo coerente. De forma implícita ou explícita, inúmeros movimentos sociais inspiraram-se nas ideias de Rousseau, sobretudo na noção de Contrato Social. Ora, esse conceito foi tratado de forma extensa no *Discurso sobre a origem da desigualdade entre os homens* e em *Do Contrato Social*. Assim, alguma coerência e articulação deve existir entre os dois textos. Por outro lado, o próprio Rousseau considerava que o conjunto de sua obra guardava uma coerência interna substancial.

> Escrevi sobre diversos assuntos, mas sempre nos mesmos princípios: sempre a mesma moral, a mesma crença, as mesmas máximas e, se quiserem, as mesmas opiniões[2].

Rousseau celebrizou-se através da polêmica e pelo paradoxo. Foi sucessivamente burguês, republicano, calvinista, católico, novamente calvinista, revolucionário, tudo com intensa paixão, sua marca mais característica. Todavia, há em seu pensamento social e político uma continuidade inegável.

---

1. FORTES, L.R.S. *O bom selvagem*. São Paulo: FTD, 1989, p. 10.

2. ROUSSEAU, J.-J. Carta a Beaumont. Apud FORTES, L.R.S. *O bom selvagem*. Op. cit., p. 10.

Jean-Jacques Rousseau nasceu em Genebra no dia 28 de junho de 1712 e morreu aos 66 anos no dia 2 de julho de 1778. Sua vida é narrada detalhadamente e de forma extensa em seu livro autobiográfico *As confissões*, escrito em 1770 e publicado postumamente. Rousseau decidiu escrever esse livro devido ao choque que foi acometido após o recebimento, em 1764, de um panfleto anônimo – escrito por Voltaire – que o acusava de hipócrita, pai desnaturado e amigo ingrato. Ali, logo no início, Rousseau expressa o conceito que tinha de si mesmo.

> Sinto meu coração e conheço os homens. Não sou feito como nenhum dos que já vi; e ouso crer que não sou feito como nenhum dos que existem. Se não sou melhor, sou, pelo menos, diferente. E só depois de me haver lido é que poderá alguém julgar se a natureza fez bem ou mal em quebrar a forma em que me moldou[3].

Filho de uma família burguesa de relojoeiros, Rousseau perdeu sua mãe, Suzanne, uma semana após seu nascimento devido a complicações que esta teve após o parto. Logo, ficou sob os cuidados do seu pai, Isaac, com quem ficava horas lendo depois da ceia e com quem aprendeu a gostar tanto da leitura como da reflexão. Rousseau tinha um irmão desaparecido, François, sete anos mais velho que não chegou a conhecer. Ele narra da seguinte maneira sua origem:

---

3. ROUSSEAU, J.-J. *As confissões*. São Paulo: Atena, 1959, p. 11.

> Nasci em Genebra, em 1712, filho de Isaac Rousseau, cidadão, e de Suzana Bernard, cidadã. Quinze filhos repartindo entre si medíocres haveres, reduziu a quase nada o quinhão do meu pai, que não teve para viver senão o seu oficio de relojoeiro, no qual era realmente muito hábil. Minha mãe, filha do Ministro Bernard, era mais rica: tinha virtude e bondade. Não fora sem trabalho que meu pai a conquistara. Seus amores começaram quase que com a vida deles; desde os oito ou nove anos, todas as tardes, passeavam juntos na Treille[4].

Em 1722 Isaac Rousseau foi obrigado a abandonar Genebra devido a um desentendimento com um capitão francês, e seu filho passou a morar com Bernard, um tio por parte da mãe. Bernard mandou Jean para o pensionato de um pastor protestante, em Bossey, e depois para diferentes oficinas com o intuito de proporcionar a continuidade do seu estudo. É nesse período que floresce seu amor pela natureza, que vai marcar sua vida e sua obra.

> O campo era para mim tão inédito, que não me podia impedir de o gozar. Tomei por ele um amor tão forte que nunca mais se pode extinguir. A lembrança dos dias felizes que lá passei me fez, em todas as idades, ter saudades da permanência lá, dos seus prazeres, e até mesmo de quem me levou para lá[5].

---

4. Ibid., p. 12.
5. Ibid., p. 22.

Aos 12 anos, Rousseau volta a Genebra para começar a trabalhar. Consegue um emprego no cartório visando a profissão de advogado, porém é dispensado pelo tabelião por falta de competência. Depois começa a trabalhar como gravador, mas é demitido por brincar de falsificar moedas e presenteá-las aos amigos. Ainda trabalhou como lacaio e regente de coro de meninos da igreja. Rousseau usava o dinheiro ganho em seus trabalhos para alugar livros e, no período de um ano, esgotou todo o acervo de uma determinada loja[6].

Na adolescência gostava de ficar perambulando nos arredores de Genebra com os amigos. Por duas vezes perdeu o toque de recolher e foi punido pelo seu mestre; na terceira vez, sem querer se submeter aos castigos, fugiu para a Saboia, onde se instalou no pensionato de Madame de Warens, a quem passou a chamar de mamãe. Ela era separada e recebia ajuda financeira do Rei Vitor-Amadeus II para custear as despesas do pensionato que era voltado a ajudar os viajantes e pessoas desgraçadas[7].

O período de 13 anos, com breves ocasiões de afastamento, que passou no pensionato de Madame de Warens, por quem se apaixona e depois vira amante, é de grande proveito para Rousseau. Nesse

---

6. Cf. ARBOUSSE-BASTIDE, P. Jean-Jacques Rousseau (vida e obra). In: ROUSSEAU, J.-J. *Obras*. Vol. I. Porto Alegre: Globo, 1958, p. XX. Cf. tb. ROUSSEAU, J.-J. *Confissões*. Op. cit. p. 62-64.

7. Cf. ARBOUSSE-BASTIDE, P. Jean-Jacques Rousseau... Op. cit., p. XXII.

período ele teve maior contato com a religião, começou o seu estudo de música, assim como o da literatura, filosofia, tratados matemáticos e experiências de física.

Em 1740 viaja para Lion, onde vira preceptor dos dois filhos do Senhor Mably, porém não foi bem-sucedido nessa sua nova função, pois não conseguia fazer com que as crianças aprendessem e pede demissão. No ano seguinte, viaja para Paris com um novo esquema de anotação musical que posteriormente será rejeitado. Nesse período, também fica amigo de Denis Diderot, que se interessa pelo sistema musical de Rousseau e o publica na Academia.

Através de amizades consegue, em 1744, o cargo de secretário da embaixada francesa em Veneza, ao qual se dedica bastante visando uma carreira diplomática. Após dezoito meses, se desentende fortemente com o embaixador e volta para Paris.

O pai de Rousseau morre em 1746, deixando para o filho uma pequena herança. Nessa época, Rousseau é convidado por Diderot, que havia começado o *Dicionário Enciclopédico*, para ser um colaborador e escrever toda a parte musical. Rousseau teve o prazo de apenas três meses para escrever os verbetes e não ganhou nada pelo trabalho.

No ano de 1745 começa uma vida conjugal com a criada do quarto do hotel onde ele estava morando, Thérèse Lavasseur, com quem se casa muito tempo depois. Rousseau e Thérèse tiveram cinco filhos, os quais abandonaram e mandaram para o orfanato.

A primeira grande obra de Rousseau foi o *Discurso sobre as ciências e as artes*, publicada em 1750 devido a um concurso na Academia de Dijon. Rousseau ganha esse concurso. A publicação do livro torna-o famoso nos meios culturais. Porém, o sucesso não é algo com que ele se desse facilmente, devido a sua timidez. Por essa e outras razões, Rousseau começa a preferir uma vida mais solitária àquela que tinha em Paris.

A Academia de Dijon propôs uma questão para o concurso: "Qual a fonte de desigualdade entre os homens? É ela autorizada pela lei natural?" É na intenção de responder a esses questionamentos que Rousseau escreveu o *Discurso sobre a origem e os fundamentos da desigualdade entre os homens*, obra em que defende que os homens eram iguais no estado de natureza; logo, a desigualdade é criada pela civilização e chega a ser algo convencional. Apesar de Rousseau não ter ganhado o prêmio da Academia com essa obra, ela foi importante para ratificar sua fama no meio social. Em 1761 Rousseau publica *Julia ou a Nova Heloísa*, um romance epistolar que narra de forma poética um grande relacionamento amoroso e que foi grande sucesso na época.

Em 1762 Rousseau publica seus dois principais livros: *Do Contrato Social* e *Emílio ou da educação*. Estas obras eram, para Rousseau, complementares, pois, enquanto a primeira fala sobre o projeto de uma sociedade justa, a segunda descreve a formação do indivíduo que viveria nessa sociedade. Em junho do mesmo ano, as duas obras foram condenadas pelo parlamento de Paris e seriam queimadas em praça pública. Além disso, Rousseau foi condenado a ser preso, porém prefere o exílio e foge para a Suíça graças à ajuda de amigos. Antes de fugir, Rousseau separa seus papéis, que deveriam ser queimados, e deixa o resto sobre a custódia do duque.

Em Genebra, cidade natal de Rousseau, também é decretada a sua prisão caso ele aparecesse. Muito ressentido, Rousseau escreve para o Conselho de Genebra (1763) renunciando à sua cidadania. Além de toda essa perseguição política, Rousseau recebe ataques de outros cidadãos, inclusive de amigos, chegando a ser vaiado e apedrejado nas ruas.

Após se instalar em diversos lugares, recebeu ajuda de David Hume e conseguiu uma residência no interior de Derby. Rousseau, em um primeiro momento, ficou tão agradecido que chegou a escrever uma carta de agradecimentos para Hume. Porém, a amizade entre os dois não durou muito tempo devido a uma carta escrita por Mr. Horace Walpole que se espalhou pela Europa e que Rousseau achou ter sido escrita por Hume[8].

Depois desse acontecimento Rousseau volta à França usando um nome falso e se refugia em um castelo cedido pelo Príncipe de Conti. É nessa época que escreve sua autobiografia. Em 1770 ele volta

---

8. Ibid., p. CXIII-CXVIII.

a Paris com o intuito de se defender perante a sociedade e para isso escreve, cinco anos depois, *Diálogos: Rousseau Juiz de Jean-Jacques*.

Rousseau morre no ano de 1778 em Ermenonville. Foi eleito Patrono da Revolução Francesa e declarado "herói nacional. Seus restos mortais foram removidos para o Panteão Paris.

Esquema 1

Anos de publicação das principais obras de Jean-Jacques Rousseau

1749: *Discurso sobre as ciências e a artes*
1755: *Discurso sobre a origem da desigualdade entre os homens*
1761: *Júlia ou a Nova Heloísa*
1762: *Do Contrato Social* e *Emílio ou da educação*
1764: *As confissões*
1770: *Diálogos: Rousseau Juiz de Jean-Jacques*

Primeira Lição

Ambiência político-social da obra de Rousseau

A cada etapa do processo histórico, em consequência das transformações econômicas e sociais, surgem novas ideias e novas construções teóricas, que tendem a expressar as necessidades e aspirações das camadas emergentes da sociedade.

No século XVIII, com as substanciais mudanças ocorridas em função da emergência do modo de produção capitalista, que modificaram em profundidade o panorama de imobilismo e estagnação do feudalismo, vários teóricos, Voltaire e Diderot entre eles, dedicaram-se a submeter ao crivo da crítica a sociedade em que viviam. Rousseau a eles ajuntou-se a convite do próprio Diderot.

As novas teorias produzidas pela Reforma protestante do século XVI, que, exprimindo os anseios da burguesia nascente estabeleceram novas ideias para uma nova ordem de coisas, foram levadas às suas últimas consequências.

A usura, os juros, os lucros, as transações comerciais, consideradas até então práticas pecaminosas, imorais e ilegais, passaram a ser procedimentos usuais inteiramente aceitos e estimulados pelas novas ideias.

As noções sobre o trabalho sofreram, igualmente, radical transformação. Os homens devem matar-se de trabalhar para enriquecer e não somente para satisfazer suas necessidades imediatas, como ensinavam os padres da Idade Média. Encarados, antes, como desiguais desde o berço, os homens passam a ser vistos como nascidos livres e iguais.

Passam a prevalecer, desta sorte, as construções ideológicas que traduzem as novas aspirações que surgem com a nova sociedade. As velhas ideias, que correspondiam ao tipo de vida e estrutura de classes da ordem feudal, caem em desuso.

Esse é o quadro político-social em que as ideias de Rousseau floresceram. A sociedade feudal agonizava, assim como suas bases políticas e sociais. Fundado na aristocracia, o poder se sustentava sobre a dominação pessoal, refletido pelas relações servis de produção.

Rousseau sempre foi um calvinista. Acreditava na imortalidade da alma e na salvação pessoal. O que constitui uma incongruência, uma vez que suas obras foram perseguidas por papistas e protestantes. Em 1728, mais por necessidade do que por convicção, converte-se ao catolicismo. O que se explica por sua dependência de sua benfeitora, depois amante, Madame de Warens. Sua conversão, em suas próprias palavras, foi "pouco sólida". Os resultados práticos dela foram pífios. O episódio recebe dele vívida descrição.

> Eclipsaram-se assim num momento todas as minhas grandes esperanças. E da interesseira tentativa só me ficaria a lembrança de ter sido, ao mesmo tempo, apóstata e falso. E é fácil imaginar que súbita revolução se fez nas minhas ideias quando me vira rolar do alto dos meus brilhantes projetos de fortuna à mais completa miséria, quando, depois de ter, pela manhã, deliberado sobre a escolha do palácio que iria habitar, vi-me à noite reduzido a dormir na rua. Hão de imaginar que comecei por me entregar a um desespero ainda mais cruel porque o remorso pelos meus crimes era agravado pela convicção de que essa desgraça era obra minha[9].

O capitalismo emergente, necessitando de trabalhadores livres para colocar em funcionamento as grandes oficinas, lançava-se contra os bastiões feudais.

A organização política feudal passou a ser cada vez mais contestada por representar um entrave ao pleno desenvolvimento do novo modo de produção. Em contraposição à monarquia aristocrática, a democracia representava o regime ideal às reivindicações da nova classe, a burguesia.

Vivendo o clima de desagregação da velha sociedade e visceralmente vinculado às classes médias,

---

[9]. ROUSSEAU, J.-J. *Confissões*. Op. cit. p. 110-111.

de onde provinha, Rousseau procurou formular no plano das ideias a perspectiva dessas classes.

Nesse sentido, soube como ninguém exprimir os anseios generalizados de democracia e propor um modelo para sua concretização, que inspirou os revolucionários em 1789.

Voltando-se para o homem e fazendo dele o tema central de sua obra, Rousseau tecia a mais veemente crítica à ordem feudal.

Todavia, vivendo os embates de sua época, o mestre de Genebra não pode desvencilhar-se das contradições da classe a que pertencia. Sendo fruto de sua existência, sua obra refletiu aquelas contradições.

Contudo, é inegável a sua contribuição no sentido de trazer a problemática do homem para o centro das discussões em torno da questão do Estado e de sua finalidade.

Segunda lição

Contribuição de Rousseau aos ideais democráticos

Rousseau foi o principal arauto da democracia na França. Concebendo a organização política de um povo baseada na livre e efetiva participação de todos, fazia disto um postulado do qual extraía, como corolário, que a lei somente é legítima quando expressão da vontade geral e a autoridade somente é válida quando escolhida pelo povo.

Por outro lado, supondo os homens nascidos livres e iguais e a sociedade tornando-os escravos e desiguais, alimentava os ódios que se elevavam contra o absolutismo feudal.

Ousando atacar o sacrossanto princípio da propriedade privada, Rousseau postulava uma democracia de pequenos produtores, que, garantindo a pequena propriedade baseada no trabalho próprio, movesse implacável guerra à grande propriedade, fonte de todos os males.

Os homens, dizia, deviam possuir apenas o necessário à sua sobrevivência e o que pudesse ser apropriado mediante o trabalho pessoal.

> Em geral, para autorizar sobre um terreno qualquer o direito de primeiro ocupante, são necessárias as seguintes condições: primeiramente, que esse terreno ainda não se encontre habitado por ninguém; em segundo lugar, que apenas seja ocupada a área de que se tem necessidade para subsistir; em terceiro, que se tome posse dela, não em virtude de uma vã cerimônia, mas pelo trabalho e pela cultura, único sinal de propriedade, que à falta de títulos jurídicos, deve ser respeitado por outrem[10].

Ao formular a teoria do Contrato Social, onde os fundamentos da sociedade e do Estado são buscados no consentimento de todos os cidadãos, Rousseau negava o poder baseado na desigualdade e no arbítrio.

Acresça-se a tudo isso o fato de que, para ele, somente a vontade geral pode dirigir o Estado, pois esta consiste no exercício da soberania, cujo titular é o povo.

É indubitável a influência que a sua cidade natal tem sobre o pensamento de Rousseau. O ambiente ascético que o calvinismo implantou em Genebra influencia, claramente, a concepção de sociedade que flui de seus escritos. Mesmo o condicionante, por exemplo, da pergunta da Academia de Dijon sobre a repercussão que o progresso teve sobre a evolução da humanidade é respondida pela negativa.

---

10. ROUSSEAU, J.-J. *Contrato Social e outros escritos*. São Paulo: Cultrix, 1978, p. 35 [Trad. de Rolando Roque da Silva].

Não há como negar que o ascetismo espartano de sua cidade ideal é dificilmente conciliável com qualquer coisa mesmo remotamente aparentada com a vida moderna e sua moldura socioeconômica. Naturalmente, o que mais lhe importava era sustar qualquer cumplicidade com as formas de opressão que frequentemente acompanhavam, e ainda hoje acompanham, o advento do "progresso". Especificamente, queria demonstrar em que medida a realidade social contestava a justiça da república ideal: como o burguês em cada homem vivia de forma oposta ao cidadão virtuoso e autodeterminado. A questão que então se coloca refere-se à *necessidade* de que esta modalidade de crítica social implique uma rejeição tão extrema de todos os aspectos da economia de mercado[11].

Ademais, percebendo que a liberdade dos homens somente poderá ser afirmada a partir das condições de sua existência, Rousseau vislumbra que a desigualdade política tem origem na desigualdade econômica. Desse modo, o homem, para fundar um Estado legítimo e democrático, tem que modificar as condições concretas de sua existência.

Sob esse aspecto o pensamento de Rousseau mostra sua face mais revolucionária. Negando legitimidade ao Estado fundado na desigualdade, pos-

---

11. MERQUIOR, J.G. *Rousseau e Weber*. Rio de Janeiro: Guanabara, 1980, p. 85.

tula a reformulação da sociedade no sentido de alcançar a democracia, única forma de criar um Estado legítimo.

Esquema 2

Sociedade do Contrato Social

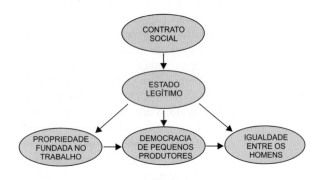

Esquema 3

Regras de ocupação da terra

1ª Regra: Terreno desocupado

2ª Regra: Ocupação apenas do necessário à subsistência

3ª Regra: Posse mediante o trabalho e a cultura

Terceira lição

A essência humana e o estado de natureza

Toda a obra de Rousseau é marcada pela crença de que o homem possui, indelevelmente, gravadas em si, desde seu nascimento, características que o identificam como ser humano. Em outras palavras, para Rousseau existem qualidades inatas e imutáveis no homem, que preexistem à sua prática social, isto é, ao seu fazer histórico. O conjunto dessas qualidades constitui o que ele denomina de natureza humana.

A natureza humana é, portanto, constituída por traços fundamentais de que todo homem é portador, independentemente do tipo de cultura ou de sociedade em que se encontre inserido. Essa essência a-histórica e abstrata é o que individualiza o homem e separa-o dos outros animais.

O homem é, dessa forma, portador de qualidades potenciais e inatas tais como a virtude, a bondade, a piedade, a liberdade que sua existência histórica deve manifestar, embora, sob certas circunstâncias, possa também desviá-lo do caminho para o qual está naturalmente destinado.

Essa concepção, visceralmente idealista, da natureza humana terá implicações decisivas na maneira de Rousseau analisar a organização social. Segundo esse modo de ver, o conteúdo mais ou menos satisfatório das relações sociais, assim como dos tipos de sociedade e de Estado criados pelo homem, tem a sua evolução determinada, não pelas leis surgidas no curso do processo histórico, mas pela lei natural que governa o espírito e a inteligência de cada homem.

Para o sábio genebrino, o homem primitivo vivia em estado de natureza, isto é, tinha uma existência próxima à dos animais, dependendo de forma absoluta da natureza para sobreviver.

> A terra, abandonada à sua fertilidade natural e recoberta de imensas florestas virgens do machado, oferece a cada passo armazéns e refúgio aos animais de todas as espécies. Os homens, dispersos entre eles, observam-nos, imitam-lhes o engenho e assim se elevam até o instinto dos animais. E com esta vantagem: cada espécie possui apenas o próprio, ao passo que o homem, não tendo nenhum que lhe pertença unicamente, apropria-se de todos, nutre-se igualmente da maioria dos diversos alimentos que os outros animais compartilham e, por consequência, encontra a subsistência com maior facilidade que eles[12].

---

12. ROUSSEAU, J.-J. "Discurso sobre o fundamento da desigualdade entre os homens". *Contrato Social e outros escritos*. Op. cit., p. 147.

Em virtude de sua vida rústica, propiciada pelo permanente contato com a natureza, o selvagem primitivo era mais apto fisicamente do que o homem moderno para prover sua subsistência num meio natural adverso, embora dependesse em tudo deste ambiente.

> Habituado desde a infância às intempéries e ao rigor das estações, exercitados à fadiga e forçados a defenderem nus e desarmados a própria vida e sua presa contra os animais ferozes, ou de fugir-lhes na carreira, os homens formaram um temperamento robusto e quase inalterável[13].

Nessa etapa de sua existência, dispersos e alimentando-se do que encontravam, os homens, vivendo em estado de natureza, não conheciam a vida associativa. Somente de forma esporádica associavam-se. Constituíam, então, hordas que objetivavam enfrentar um perigo comum. Tão logo este deixava de existir, a efêmera associação desaparecia.

> Educado pela experiência em que o amor do bem-estar é o único objetivo das ações humanas, ele se achou em situação de distinguir as raras ocasiões em que o interesse comum devia ser levado em conta na assistência de seus semelhantes. [...] Ele se unia aos semelhantes, em rebanho, ou então numa espécie qualquer de associação livre que a ninguém obrigava e não

---

13. Ibid., p. 147.

> durava mais que a passageira necessidade que a formara[14].

Por conseguinte, desconhecendo, no estado natural, qualquer sentimento que não o de sua própria existência e da necessidade de sobrevivência, o homem primitivo não tinha noção do bem ou do mal. Vivia em um estado de amoralidade absoluta, desconhecendo qualquer tipo de norma. Entretanto, o homem trazendo consigo certas características – a perfectibilidade e o uso da razão – que o fazem diferente dos outros animais chegou a conhecer o progresso.

Consequentemente, o constante confronto com as forças naturais hostis levou-o a instrumentalizar-se para melhor defender-se e sobreviver. Da vida nômade que levara até então, o selvagem primitivo passa a um estágio sedentário, habitando em cavernas ou acampamentos fixos.

> Tudo começa a mudar de face. Os homens errantes até aqui, tendo adquirido uma base fixa, aproximam-se lentamente, reúnem-se em diversas tribos, e formam, enfim, em cada região, uma nação particular, unida por costumes e caracteres, não por leis e regulamentos, mas pelo mesmo gênero de vida e de alimentos e pela influência comum de um mesmo clima[15].

Chegam, dessa forma, a um estado de vida associativa embrionária, no qual naturalmente se de-

---

14. Ibid., p. 178.
15. Ibid., p. 180.

senvolve um sentimento maior de solidariedade entre os homens. Alcançam um estado de harmonia e felicidade que bem caracteriza este estágio de desenvolvimento da humanidade. É a idade de ouro, o Eldorado, onde

> uma vizinhança permanente não pode deixar de engendrar enfim alguma ligação entre as diversas famílias. Jovens de ambos os sexos habitam cabanas vizinhas; o comércio passageiro reclamado pela natureza conduz em breve a um outro não menos doce e mais permanente, devido à frequência mútua. Acostuma-se a considerar diferentes objetos e a fazer comparações; adquirem-se insensivelmente ideias de mérito e de beleza que produzem sentimentos preferenciais, à força de se verem, não podem passar sem se verem de novo[16].

Apesar de terem alcançado esse estágio de vida associativa, os homens permanecem em estado natural. Com efeito, nesse período, ainda não existiam as instituições que caracterizam a sociedade civil: governos e poderes constituídos, normas limitativas da liberdade, em suma, o Estado e o Direito.

---

16. Ibid., p. 180-181.

Quarta lição

A construção do conceito de estado de natureza

É indubitável que o conceito de estado de natureza exerce, ao lado do conceito de Contrato Social, papel de vital importância no corpo das concepções de Rousseau sobre a origem, natureza e finalidade do Estado. Entretanto, não são poucas as controvérsias em torno desse conceito.

O ponto fulcral reside na historicidade, ou não, do estado de natureza. Em outras palavras, o homem teria em alguma época vivido a descrição rousseauniana? A maioria dos comentadores responde pela negativa. De resto, o próprio Rousseau afirma que, se para a maioria dos homens "não resta a menor dúvida a respeito de haver existido um estado natural", o estudo da natureza que "jamais mente" demonstra que "tal estado não pode ter havido nunca". É necessário, pois, que nos detenhamos na análise desse conceito e, sobretudo, nos princípios que nortearam a sua elaboração.

Inicialmente, deve-se salientar que, em nenhum momento a história é perquirida na elaboração do conceito de estado natural. O método utilizado por Rousseau é, eminentemente, lógico-explicativo. Partindo do que é, Rousseau pretende chegar ao que deve ter sido e ao que deve ser. Como elaborar, assim, o conceito de estado de natureza?

> Comecemos, pois, por afastar os fatos, uma vez que não vêm ao caso. Não é necessário levar em conta as pesquisas em que se pode atingir o problema através de verdades históricas, mas exclusivamente através de raciocínios hipotéticos e condicionais, mais apropriados ao esclarecimento das coisas que à demonstração da verdadeira origem, e semelhante aos que fazem todos os dias nossos físicos a propósito da formação do mundo[17].

Contudo, Rousseau acredita na criação do homem pela divindade. Diante disso, como conciliar a elaboração do conceito de estado de natureza com o ato de criação que, fazendo surgir o homem, tira-o imediatamente do estado natural?

> A religião ordena-nos crer que o próprio Deus tirou os homens do estado natural imediatamente após a criação. [...] Mas ela não nos impede de formarmos conjecturas, tiradas da exclusiva natureza do homem e dos seres que o rodeiam, sobre o que teria podido ser o gênero humano se tivesse sido abandonado a si mesmo[18].

---

17. Ibid., p. 144-145.
18. Ibid., p. 145.

Resolve-se, destarte, o problema metodológico inicial, que respeita a viabilidade de construção do conceito. A indagação seguinte seria a de como elaborar o conceito e de como formulá-lo.

Não partindo, Rousseau, da história, a via que ele segue para elaborar o conceito de estado natural é um processo que consiste em retirar do homem as qualidades culturais a ele incorporadas pela vida social e buscar, assim, alcançar os traços essenciais que constituem a natureza humana.

> Despojado este ser [...] de todos os dons sobrenaturais que possa ter recebido e de todas as faculdades artificiais adquiridas, somente após longo progresso; considerando, numa palavra, tal qual deve ter saído das mãos da natureza, vejo nele um animal menos forte que uns, menos ágil que outros, mas, no conjunto, mais vantajosamente organizado que todos[19].

Os homens nascem livres, diz ele no Contrato Social. Por que nascem livres? Eis a pergunta a que o conceito de estado de natureza responde. Os homens estão, desde o nascimento, dotados de instintos, que condicionam seu comportamento na vida social. Esses instintos caracterizam, como já vimos, a natureza humana. Bakunin soube, de forma clara, detectar as fragilidades da concepção rousseauniana. Diz ele:

---

19. Ibid., p. 146.

> A liberdade individual não é [para Rousseau] uma criação, um produto histórico da sociedade. [...] É anterior a qualquer sociedade e [...] todo o homem a traz, ao nascer, com sua alma imortal, como um dom divino. Daí resulta que o homem é algo ainda não completamente ele mesmo, um ser inteiro e, de certo modo, absoluto, mas fora da sociedade. Sendo livre anteriormente e fora da sociedade, constitui esta última por um ato de vontade, através de uma espécie de contrato, instintivo ou tácito, reflexivo ou formal, em uma palavra, nessa teoria não são os indivíduos criaturas sociais; pelo contrário, eles é que criaram a sociedade impulsionados por uma necessidade exterior, como o trabalho ou a guerra.
>
> Vê-se por essa teoria que a sociedade propriamente dita não existe; a sociedade natural, o ponto de partida real de toda civilização humana, o único ambiente no qual pode nascer e desenvolver-se a personalidade e a liberdade dos homens lhes é perfeitamente desconhecida[20].

A objetivação dessa natureza humana, que representa o homem essencial, seria o horizonte para o qual a humanidade deve teleologicamente marchar para atingir a felicidade.

---

[20]. BAKUNIN, M. *Dios y el Estado* – Proyecto Espartaco 2000-2002 [Disponível em http://www.espartaco.cjb.net, p. 48/49].

O homem essencial, ao entrar em contradição com tudo aquilo que inibe sua realização no meio social, evidencia as vias pelas quais o homem poderá alcançar a sua reunificação, isto é, realizar na sociedade o homem integral.

A contradição, portanto, inerente à própria condição social do homem, entre o homem essencial e o meio social que o nega, seria a base em que repousa todo processo histórico. Em outras palavras, a busca de realização do homem integral seria o motor da história.

Nesse ponto é que o conceito de estado de natureza desempenha seu relevante papel no aparato conceitual rousseauniano. Admitindo a existência de uma natureza a-histórica, de um homem essencial, Rousseau, para explicar o surgimento da sociedade e do corpo político teve que elaborar um conceito que se coadunasse com o princípio inato e imutável que admitia existir no homem. Esse conceito é o estado de natureza.

Destarte, o conceito de estado natural serve-lhe, não somente para explicar a origem da sociedade e do Estado, mas, sobretudo, para negar a ordem social vigente e justificar suas proposições políticas de reestruturação social.

Inexistindo historicamente, mas negado historicamente pela vida associativa baseada na desigualdade, o estado de natureza constitui-se em um dos conceitos de maior criticidade do arsenal teórico rousseauniano.

O problema, pois, reside em acompanhar o processo de passagem do estado de natureza ao estado de sociedade. Melhor dizendo, acompanhar o processo de distanciamento do homem de sua existência, de um lado, e o processo inverso de luta pela reunificação do homem, do outro.

Esquema 4

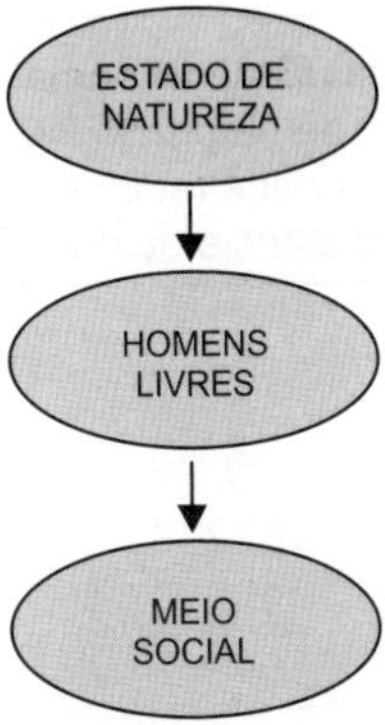

```
ESTADO DE
NATUREZA
   ↓
HOMENS
LIVRES
   ↓
MEIO
SOCIAL
```

Estado de natureza: Condição hipotética em que vivia o homem antes de conhecer a vida em sociedade. Ele tinha uma existência próxima à dos animais, dependendo de forma absoluta da natureza para sobreviver.

Liberdade individual: Capacidade de dispor de sua vida de conformidade com seus instintos sem nenhuma limitação além daquela oposta pela própria natureza.

Esquema 5

Estado de natureza/Estado social. A essência do homem é o estado de natureza. No entanto, para que possa viver em sociedade (animal político) faz-se mister que ele se distancie da condição natural.

Quinta Lição

Do estado de natureza à sociedade civil

Com o progresso da técnica, o homem aperfeiçoou seus instrumentos e deixou de depender da natureza. A metalurgia e a agricultura primitiva permitiram-lhe dominar o meio natural e dele extrair mais do que o necessário à sua própria sobrevivência.

O novo instrumental produzido pelo homem ensejou-lhe a possibilidade de apropriar-se, não somente de seus instrumentos de trabalho, mas, igualmente, da terra que, anteriormente, era de todos.

> Enquanto os homens se contentaram com suas cabanas rústicas, enquanto se limitaram a coser as vestes de pele com espinhos e arestas, e adornar-se de penas e conchas marinhas, a pintar o corpo com tintas de diversas cores, a aperfeiçoar e embelezar os arcos e flechas, a talhar, com a ajuda de pedras cortantes, algumas canoas de pescadores ou alguns grosseiros instrumentos musicais; numa palavra, enquanto se dedicaram às obras que podiam ser feitas individualmente, às artes que não necessita-

> vam numerosas mãos, viveram livres, sãos, bons e felizes, tanto quanto o podiam ser por sua natureza, e continuaram a desfrutar entre si de um comércio independente; mas, desde o instante em que o homem teve precisão da ajuda de outrem, desde que percebeu ser conveniente para um só ter provisões para dois, a igualdade desapareceu, introduzindo-se a propriedade; o trabalho tornou-se necessário e as vastas florestas se mudaram em campos risonhos que passaram a ser regados com o suor dos homens, e nos quais logo se viu a escravidão e se viu a miséria germinar e crescer com as colheitas[21].

O avanço da tecnologia, pois, ao mesmo tempo em que libertava o homem da natureza, civilizando-o, foi a causa de sua perda.

> A metalurgia e a agricultura foram as duas artes cujas invenções produziram esta revolução. Para o poeta, foram o ouro e a prata; mas, para o filósofo, foram o ferro e o trigo que civilizaram os homens e perderam o gênero humano[22].

É certo, contudo, que essa passagem da barbárie à civilização não se deu num átimo. O homem a ela chegou mediante um lento e longo pro-

---

21. ROUSSEAU, J.-J. "Discurso sobre o fundamento da desigualdade entre os homens". *Contrato Social e outros escritos*. Op. cit., p. 183.

22. Ibid., p. 183.

cesso evolutivo, conduzido pela constante luta contra a natureza.

O homem primitivo, dotado de inteligência e sensibilidade, age sobre a natureza utilizando instrumentos, que são aperfeiçoados à medida que surgem novas necessidades.

Essa capacidade de instrumentalizar-se para atuar sobre a natureza, em outros termos, o progresso, é que leva o homem a abandonar a vida animal e integrar-se na sociedade civil. São as vantagens do progresso que determinam essa passagem. Quanto mais progride, mais o homem se integra na vida social.

Entretanto, o que Rousseau não percebe é que a sociedade antecede o homem. Ele é por ela formado. Sua vida enquanto produtor é condicionada socialmente. Bakunin, com extrema lucidez, percebe a fragilidade da concepção rousseauniana e submete-a a uma crítica perspicaz.

> O indivíduo humano real é tão pouco um ser universal e abstrato que cada um, a partir do momento em que se forma no ventre da mãe, encontra-se já determinado e particularizado por uma multidão de causas e de ações materiais, geográficas, climatológicas, etnográficas, higiênicas e, portanto, econômicas, que constituem propriamente a natureza material exclusivamente particular de sua família, de sua classe, de

> sua nação, de sua raça, tanto que as inclinações e aptidões dos homens dependem do conjunto de todas essas influências exteriores ou físicas; cada um nasce com uma natureza, ou um caráter individual, materialmente determinado. E, graças à organização relativamente mais elevada do cérebro humano, cada homem aporta ao nascer, em graus diferenciados, não ideias e sentimentos inatos, como pretendem os idealistas, mas a capacidade material e formal de sentir, de pensar, de falar e de querer. Ele não traz consigo mais do que a faculdade de formar e desenvolver as ideias e, como acabo de dizer, um poder de atividade, totalmente formal, sem qualquer conteúdo. Quem lhe confere seu primeiro conteúdo? Sociedade[23].

Mesmo que se admita, com Rousseau, que o progresso, com as inevitáveis mudanças que provocou, tornou-se incompatível com a permanência dos homens em estado de natureza, é frágil e fantasiosa a hipótese.

> Eu imagino os homens chegados ao ponto em que os obstáculos, prejudiciais à sua conservação no estado natural, os arrastam, por sua resistência, sobre as forças que podem ser empregadas por cada indivíduo a fim de se manter em tal estado. Então esse estado primitivo não mais tem condições

---

23. BAKUNIN, M. *Dios y el Estado*. Op. cit., p. 51.

de subsistir, e o gênero humano pereceria se não mudasse sua maneira de ser[24].

É, consequentemente, o avanço da técnica que leva o homem à compreensão da necessidade da vida associativa. O progresso do modo pelo qual são produzidos os meios de existência necessários, a evolução que se verifica na produção e o consequente aperfeiçoamento das condições de vida material, levam a que os laços estabelecidos entre os homens se estreitem.

A compreensão dessa necessidade imperativa de união levou o homem a celebrar um pacto com os outros homens a fim de que pudessem sobreviver e manter as conquistas do progresso.

Por esse pacto, os homens criaram a sociedade civil que, para Rousseau, constitui o ato pelo qual os homens dispersos se transformam em povo. O mesmo ato origina o Estado, que tem como escopo fundamental garantir e executar as cláusulas do Contrato Social, assegurando o respeito às liberdades individuais e à vontade popular.

Esse contrato encontra-se, destarte, na base da constituição do Estado e tem como objetivo-síntese conciliar a prática da vida em sociedade com a preservação das liberdades individuais.

---

24. ROUSSEAU, J.-J. *O Contrato Social e outros escritos*. Op. cit., p. 29-30.

Esquema 6

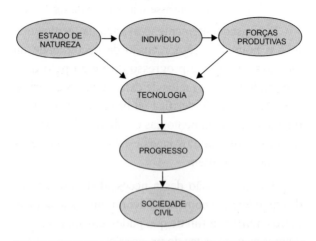

Sociedade civil: Como animal político, o homem necessita viver em comunidade, deixando o estado de dispersão para formar a sociedade civil.

Sexta Lição

O Contrato Social (pacto de liberdade)

Os homens, movidos pelo progresso, chegaram à vida associativa e celebraram um pacto, que originou a sociedade civil e o Estado. Convém, por conseguinte, analisar a anatomia desse ato.

O Contrato Social, como toda convenção, é um acordo de vontades com a finalidade de produzir efeitos jurídicos. Ora, os efeitos jurídicos do Contrato Social são, precisamente, a criação do corpo social e do corpo político. Em outras palavras, o Contrato Social objetivou a criação da sociedade civil e do Estado, isto é, da ordem jurídico-política.

O ilustre genebrino não utilizou aleatoriamente o conceito do Contrato Social para explicar a origem da sociedade e do Estado. Com efeito, ao admitir-se a existência de uma essência humana inata e imutável, que preexiste à própria experiência social do homem, a ideia de que a realidade vivida pelo homem deve ser produto da vontade humana impõe-se como corolário.

Dessa maneira, vê-se que a sociedade civil e o Estado fundam-se no consentimento dos homens.

> Por que existe sociedade? Porque os homens concordaram em viver em comum. Por que existe o Direito? O Direito existe [...] porque os homens pactuaram viver segundo as regras delimitadoras dos arbítrios[25].

A visão rousseauniana da origem da sociedade e do Estado funda-se, desta sorte, na celebração de um contrato, que, como todas as convenções, deve submeter-se a determinados critérios de validade para que exista como tal.

O primeiro desses requisitos de validade refere-se ao consentimento das partes para a celebração do pacto, o que ocorre quando estão conscientes de sua inelutável necessidade. É necessário, pois, querer para realizar. Somente assim estarão aptas a manifestar sua vontade.

Em outras palavras, a manifestação livre da vontade requer, como pressuposto essencial, que as partes estejam em pé de igualdade, isto é, nenhuma delas possa impor-se às demais. Está assim, no cerne do Contrato Social, a ideia de igualdade das partes contratantes, condição *sine qua non* da livre manifestação da vontade.

Em segundo lugar estão os requisitos objetivos, que se referem à possibilidade jurídica da realização do pacto. Aqui, o centro de gravidade da análise desloca-se no sentido de perquirir sobre a sua viabilidade. Desde a perspectiva do Contrato Social cabe

---

25. REALE, M. *Filosofia do Direito*. 5. ed. São Paulo: Saraiva, 1972, p. 567.

indagar se, efetivamente, é possível a criação dos corpos político e social. Do ponto de vista material, interroga-se se é possível dar existência real à sociedade civil e ao Estado. Sob o ângulo jurídico, a preocupação diz respeito à adequação do contrato à lei. Nesse caso, à lei natural.

O contrato somente pode ser considerado possível se o seu objeto, materialmente, pode ser alcançado. De outro modo, se o objeto do contrato pode tomar corpo e tornar-se realidade, isto é, se pode concretizar-se. Sabemos que o Contrato Social baseia-se no consentimento daqueles que o instituíram, assim como a sociedade e o Estado. A concretização, pois, do seu objetivo inicia-se no momento mesmo em que os homens se põem de acordo sobre a necessidade de que ele seja celebrado.

Encarada juridicamente, a questão da possibilidade leva-nos a um aparente paradoxo: sendo o Contrato Social o instrumento que cria o ordenamento jurídico, de que forma poderia adequar-se à lei se ela ainda não existia? Como dissemos, o paradoxo é apenas aparente. Como jusnaturalista, Rousseau admite a existência de um conjunto de normas independentes da experiência social "em razão de cujos ditames seria possível afirmar-se a validade ou obrigatoriedade das regras jurídicas positivas"[26]. Desse modo, o pacto social é possível juridicamente por adequar-se aos ditames da lei natural.

---

26. Ibid., p. 88.

Por último, situam-se os requisitos que dizem respeito à forma do ato, que deve ser de molde a possibilitar a consecução dos objetivos a que as partes se propõem. Assim, é possível, mediante um contrato, fundar a sociedade civil e o Estado? Ora, o contrato é um instrumento que tem seu fato gerador no consenso. Esse mesmo consenso está na base da criação dos corpos social e político, segundo Rousseau. Por conseguinte, desde a perspectiva formal, o contrato adequa-se à finalidade proposta pelas partes.

Tecnicamente, pois, o sábio genebrino resolveu de forma magistral as dificuldades que a hipótese de celebração de um Contrato Social suscita. Trata-se, agora, de indagar da eficácia do pacto. Em outras palavras, de que forma foram organizados a sociedade civil e o Estado?

Conceituando o pacto social, Rousseau afirma que todas as suas cláusulas

> se reduzem a uma única, a saber, a alienação total de cada associado, com todos os seus direitos, em favor de toda comunidade; porque, primeiramente, cada qual se entregando por completo e sendo a condição igual para todos, a ninguém interessa torná-la onerosa para os outros[27].

O cumprimento desta cláusula será garantida pela submissão de todos ao império da vontade geral:

---

[27]. ROUSSEAU, J.-J. *O Contrato Social e outros escritos*. Op. cit., p. 30.

> Cada um de nós põe em comum sua pessoa e toda sua autoridade, sob o supremo comando da vontade geral, e recebemos em conjunto cada membro como parte indivisível do todo[28].

Que é, pois, essa vontade geral a que todos devem obedecer? A vontade de todos? Para responder a essas questões, devemos compreender o significado do ato em que cada homem aliena seus direitos e se integra num corpo social submetido à vontade geral.

> Esse ato de associação produz um corpo moral e coletivo, composto de tantos membros quanto a assembleia de vozes, o qual recebe desse mesmo ato sua unidade, seu *eu* comum, sua vida e sua vontade. A pessoa pública, formada assim pela união de todas as outras, tomava outrora o nome de *cidade* e toma hoje o de *república* ou *corpo político*, o qual é chamado por seus membros *Estado*, quando é passivo; *soberano*, quando é ativo; *autoridade*, quando comparado a seus semelhantes. No que concerne aos associados, adquirem coletivamente o nome de *povo*, e se chamam particularmente *cidadãos,* na qualidade de participantes na autoridade soberana, e *vassalos*, quando sujeitos às leis do *Estado*. Todavia, esses termos frequentemente se confundem e são tomados um pelo. outro. É suficiente saber distin-

---

28. Ibid., p. 31.

> gui-los, quando empregados em toda a sua precisão[29].

Do texto citado, inferimos que, do pacto social resultou uma pessoa distinta daquelas que a criaram. Utilizando a moderna teoria jurídica poderíamos denominá-la pessoa jurídica de Direito Público. Essa pessoa é mais do que a soma dos membros, tem uma existência e, mesmo, uma vontade própria: a vontade geral.

Por sua vez, a vontade geral não se confunde com a vontade de todos os cidadãos.

> Há, muitas vezes, grande diferença entre a vontade de todos e a vontade geral: esta olha somente o interesse comum, e outra coisa não é senão a soma de vontades particulares; mas, tirai dessas mesmas vontades as que em menor ou maior grau reciprocamente se destroem, e resta como soma das diferenças a vontade geral[30].

A vontade geral é, assim, depois de eliminados os aspectos conflitantes e destrutivos das vontades particulares, a soma daqueles aspectos que dizem respeito ao interesse geral dos cidadãos.

De outro modo, a vontade geral está intrinsecamente ligada à soberania, isso porque a sociedade civil e o Estado são aspectos complementares de uma mesma realidade, aquela criada pelo Contrato Social:

---

29. Ibid.
30. Ibid., p. 41.

> Digo, pois, que outra coisa não sendo a soberania senão o exercício da vontade geral, jamais se pode alienar, e que o soberano, que nada mais é senão um ser coletivo, não pode ser por si mesmo; é perfeitamente possível transmitir o poder, não porém a vontade[31].

Com efeito, a soberania não pode ser alienada, porque ela não é mais do que o exercício da vontade geral. Essencial à manutenção do corpo social, a vontade geral é a única que pode dirigir o Estado.

> A primeira e mais importante consequência dos princípios acima estabelecidos está em que somente a vontade geral tem possibilidade de dirigir as forças do Estado, segundo o fim de sua instituição, isto é, o bem comum; pois, se a oposição dos interesses particulares tornou necessário o estabelecimento das sociedades, foi a conciliação desses mesmos interesses que a tornou possível[32].

Na concepção de Rousseau, o poder soberano é, portanto, inalienável. O povo é o seu depositário, enquanto ao governo cabe apenas executar as decisões emanadas do único titular da soberania.

---

31. Ibid., p. 38.
32. Ibid.

Esquema 7

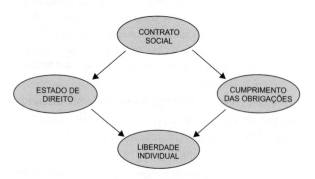

Contrato Social: É o acordo de vontades que cria os corpos social e político e que, por seu intermédio, os homens alienam todos os seus direitos naturais em favor da comunidade, recebendo desta, em troca, a garantia de sua liberdade nos limites estabelecidos pelas regras delimitadoras dos arbítrios.

Sétima Lição

Natureza e finalidade do Estado

Vimos nas lições anteriores a natureza do ato pelo qual o povo constitui-se como tal, dando origem à sociedade civil e ao Estado. A natureza desse ato é de molde a demonstrar que os estados legítimos são fruto da manifestação livre da vontade.

O fundamento e a natureza, pois, do corpo político, isto é, do Estado, reside no ato pelo qual os homens, abdicando de seus direitos, constituem-se em sociedade visando assegurar o bem comum. Em outros termos, o fundamento e a natureza do Estado encontram-se no âmago do pacto de liberdade, isto é, o Contrato Social, que visava assegurar a passagem do estado de natureza à sociedade civil sem que os homens perdessem sua liberdade.

O estabelecimento do pacto social, entretanto, não está livre de contradições. Na vida associativa, o máximo de liberdade que pode ser permitido aos homens é incompatível com o pleno exercício dos direitos soberanos. A superação desse conflito entre a liberdade individual e a liberdade coletiva é a questão que Rousseau se propõe resolver.

Vivendo em estado de natureza os homens eram livres. Contudo, essa liberdade natural não era a verdadeira liberdade, porquanto consistia, tão somente, na possibilidade de agirem segundo os ditames de seus instintos. Não eram, assim, limitados em seus atos por nenhum ordenamento jurídico, consequência dos condicionamentos característicos da sociedade civil.

> Esta liberdade comum é uma consequência da natureza do homem. Sua primeira lei consiste em proteger a própria conservação, seus primeiros cuidados, os devidos a si mesmo, e tão logo se encontra meios apropriados a sua conservação, torna-se por aí seu próprio senhor[33].

A vida em sociedade constitui, desta sorte, um progresso. Somente na sociedade é que o homem firma sua verdadeira liberdade, dá um sentido à vida e distingue-se, definitivamente, dos animais. Entretanto, é necessário conciliar a vocação de liberdade do homem com a vida social.

No estado de natureza, já vimos, o homem agia livremente sem encontrar obstáculos à sua conduta, senão os naturais. Sua esfera de liberdade não estava limitada pela liberdade dos outros. Ora, na vida social o exercício sem freios da liberdade individual termina por liquidar a liberdade de todos.

> Reduzamos todo este balanço a termos fáceis de comparar. O que o homem perde

---

33. Ibid., p. 22.

> pelo Contrato Social é a liberdade natural e um direito ilimitado a tudo que o tenta e pode alcançar; o que ganha é a liberdade civil e a propriedade de tudo que possui. Para que não haja engano em suas compensações é necessário distinguir a liberdade natural, limitada pelas forças do indivíduo, da liberdade civil que é limitada pela liberdade geral, e a posse, que não é senão o efeito da força ou do direito do primeiro ocupante, da propriedade, que só pode ser baseada num título positivo[34].

O máximo de liberdade, portanto, garantido a cada cidadão pelo pacto social será o de tudo fazer, contanto que não prejudique a outrem. Dessa forma, os limites estabelecidos ao pleno exercício dos direitos e liberdades individuais serão, exatamente, aqueles que permitem a todos os membros da sociedade o exercício e gozo desses mesmos direitos e liberdades.

A limitação, assim, da liberdade individual obedece aos ditames do interesse geral, do bem comum. Pelo pacto social os homens alienam seus direitos à coletividade a quem devem obedecer.

Para Rousseau, obedecer à coletividade é como obedecer a si mesmo. Porque há imitação; a liberdade individual foi feita em proporção igual para todos, com o consentimento de todos e no interesse de todos. Desta sorte, "cada um unindo-se a todos não obedece senão a si mesmo, ficando tão livre quanto antes".

---

34. Ibid., p. 34.

Consequentemente, o Estado deverá ser o legítimo representante da coletividade a que serve, pois não é senão a forma pela qual essa coletividade se constitui. Sua legitimidade está em corporificar, no campo do poder, a vontade coletiva que o instituiu.

Objetivando assegurar a liberdade dos homens vivendo em sociedade, o Contrato Social, a fim de garantir sua eficácia, teria que instituir uma autoridade que garantisse o cumprimento de suas cláusulas. O Estado é, precisamente, o instrumento criado com o fim expresso de executar os termos do pacto, tornando praticáveis suas cláusulas.

A defesa, pois, das liberdades dos cidadãos é o fim último a ser atingido pelo corpo político.

Esquema 8

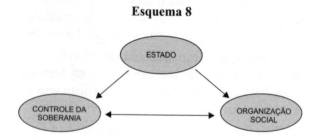

Esquema 9

Para que possa haver um Estado organizado, faz-se necessária a diminuição da liberdade individual em prol da coletividade. Obedecer ao Estado é, pelo pacto social, obedecer a si mesmo.

As garantias individuais previstas no pacto social constituem uma proteção aos cidadãos ante o poder do Estado.

Oitava Lição

A sociedade do Contrato Social

Contrariamente às suas ideias políticas, Rousseau não apresentou uma visão sistematizada da forma como concebia o conteúdo e a organização das demais esferas da vida social.

Sua atitude é típica do pensador idealista, que enfatiza os aspectos superestruturais da realidade, partindo do mundo das ideias e de sua teorização abstrata para a intervenção nos diversos aspectos da realidade material em que se encontra inserido.

Apesar disso, é possível, através de passagens dispersas, reconstituir a ideia-força da sociedade que deveria ser regida por seu famoso contrato.

A análise do pensamento rousseauniano sobre a organização socioeconômica por ele proposta revela, em primeiro lugar, forte coloração socialista.

Com efeito, para Rousseau, a propriedade somente se justifica "pelo trabalho e pela cultura, único sinal de propriedade que [...] deve ser respeitado por outrem"[35]. Porém, em qualquer hipótese,

---

35. Ibid., p. 35.

> o direito de cada particular sobre sua parte do solo está sempre subordinado ao direito da comunidade sobre o todo, sem o que não haveria solidez no laço social nem força real no exercício da soberania[36].

Assim, cada homem não terá direito a ser proprietário senão daquilo que for necessário à garantia de sua subsistência, e, mesmo nesse plano restrito, tal propriedade somente pode ser justificada pela sua real utilização.

Portanto, na sua concepção, seria inadimissível que um homem ou um povo se assenhoreasse de um território imenso e dele privasse "todo gênero humano", a não ser por usurpação punível, tirando-lhe o abrigo e o alimento que a natureza concedeu em comum.

Essas posições denunciam a hostilidade de Rousseau para com a propriedade privada dos meios de produção exercida em grande escala, porquanto tal sociedade implica, necessariamente, colocar numa situação de dependência e dominação os não proprietários face aos dons que a natureza lhes deu em comum.

Vê-se, pois, que Rousseau concebe, como forma de organização social, uma utópica sociedade igualitária formada por pequenos proprietários.

Em conclusão, Rousseau objetiva substituir, através do pacto fundamental, tudo aquilo que a nature-

---

[36]. Ibid., p. 37.

za poderia trazer de desigualdade entre os homens por uma igualdade moral e legítima, que faria com que os homens, desiguais na força e no gênio, se tornassem iguais por convenção e direitos[37].

A democracia direta seria a forma de governo dessa sociedade igualitária, porquanto sendo

> os cidadãos todos iguais em virtude do Contrato Social, todos devem prescrever o que todos devem fazer, ao passo que ninguém tem o direito de exigir que outro faça aquilo que ele mesmo não faz[38].

É evidente que o modelo que informa a construção teórica de Rousseau é a sua Genebra natal.

---

37. Ibid.
38. Ibid.

NONA LIÇÃO

A origem dos estados ilegítimos (pacto de submissão)

Os homens constituíram, por meio do pacto social, um corpo político cuja finalidade precípua era assegurar o respeito às liberdades individuais.

Dentre as liberdades asseguradas pelo contrato desponta a de possuir bens, isto é, a propriedade privada. Todavia, como o exercício dessa liberdade subordina-se ao interesse geral, nenhuma das partes é atingida em sua liberdade individual.

A vida em sociedade, no entanto, foi desfavorável ao homem. Frustrou o desenvolvimento de suas virtudes essenciais e conduziu-o à ruína, à perda da liberdade.

Nascidos livres e iguais, os homens têm todos o mesmo direito à liberdade e à vida. São, entretanto, diferentemente dotados pela natureza. Uns são fortes, outros fracos; este, mais inteligente, aquele, tardo de raciocínio. A sociedade igualitária nascida do contrato poderia ter-se mantido caso a natureza tivesse dotado os homens das mesmas aptidões.

> As coisas, nesse estado, teriam podido permanecer iguais se as aptidões tivessem sido iguais, e se, por exemplo, o emprego do ferro e o consumo dos gêneros tivessem constituído sempre uma balança equilibrada; mas a proporção, que nada mantinha, foi em breve rompida; o mais forte executava maior trabalho; o mais astuto, tirava melhor partido do seu; o lavrador tinha mais necessidade de trigo; e, trabalhando igualmente, um ganhava demasiado, ao passo que o outro mal tinha com o que viver. É assim que a desigualdade natural se desdobra insensivelmente com a de circunstâncias, e que as diferenças existentes entre os homens [...] se tornam mais profundas, mais permanentes em seus efeitos, e começam a influir na mesma proporção sobre o destino dos particulares[39].

O homem deixou-se arrastar pela cobiça e, em detrimento dos outros homens, passou a acumular riquezas. Movido pela ambição, o homem passou a desejar mais do que o seu trabalho lhe proporcionava.

> A ambição devoradora, o ardor de aumentar sua relativa fortuna [...] inspira a todos os homens uma negra propensão no sentido de se prejudicarem reciprocamente, [...] numa palavra, concorrência e rivalidade de um lado, e do outro oposição de interesses e sempre o desejo oculto de tirar pro-

---

39. ROUSSEAU, J.-J. "Discurso sobre o fundamento da desigualdade entre os homens". Op. cit. p. 185-186.

> veito às expensas de outrem. Todos esses males constituem o primeiro efeito da propriedade e o inseparável cortejo da desigualdade nascente[40].

Instala-se, pois, a desigualdade no seio da sociedade, inicialmente distinguindo os ricos dos pobres, depois os fracos dos poderosos, por fim os senhores dos escravos.

> Antes de se terem inventado as características representativas das riquezas, estas só podiam consistir em terras e em rebanhos, os únicos bens reais que os homens possuíam. Ora, quando as propriedades aumentaram em número e se estenderam a ponto de cobrir todo o solo e todas se tocaram, umas não se puderam ampliar senão às custas das outras, e os excedentes [...] foram forçados a receber ou a arrebatar sua subsistência da mão dos ricos; e daí começaram a nascer, segundo os diversos caracteres de uns e outros, a dominação e a servidão, ou a violência e as rapinas[41].

Em consequência, a sociedade viu-se levada à mais brutal desordem. Os pobres, irremediavelmente lançados à miséria, passaram a pilhar para assegurar sua sobrevivência. Os ricos, no afã de ampliar suas posses, pilhavam violentamente os pequenos proprietários.

---

40. Ibid., p. 187
41. Ibid.

> Foi assim que os mais poderosos ou os mais miseráveis fizeram de suas forças ou de suas necessidades uma espécie de direito ao bem alheio, equivalente, segundo eles, ao direito de propriedade; e, rompida a igualdade, seguiu-se-lhe a mais espantosa desordem. Foi assim que as usurpações dos ricos, as rapinas dos pobres, as paixões desenfreadas de todos, abafando a piedade natural e a voz ainda frágil da justiça, tornaram os homens avaros, ambiciosos e perversos[42].

Nesse embate de interesses opostos, o homem perdeu irremediavelmente a liberdade. Sua essência e sua existência separaram-se em definitivo. O pacto de liberdade e igualdade fora rompido.

> Ser e parecer tornaram-se duas coisas inteiramente distintas; e desta distinção saíram o fausto majestoso, a astúcia enganadora e todos os vícios que lhes servem de cortejo[43].

Chegados a este estágio, os homens viviam num estado de insegurança constante. A riqueza, como a miséria, era um fardo por demais oneroso. Sob as instâncias dos ricos e a fim de garantirem sua sobrevivência e livrarem-se da opressão, os homens uniram-se no sentido de instituir um poder supremo, autorregulado por leis, que banisse da sociedade a violência e instalasse em seu seio a paz e a concórdia.

---

42. Ibid., p. 187-188.
43. Ibid., p. 186.

> Tal foi ou deveu ser a origem da sociedade e das leis que criaram novas peias para o fraco e novas forças para o rico, destruíram sem possibilidade de retorno a liberdade natural, fixaram para sempre a ordem da propriedade e da desigualdade, que, de uma astuciosa usurpação, fizeram o direito irrevogável, e, para proveito de alguns ambiciosos, sujeitaram, daí por diante, todo o gênero humano ao trabalho, à servidão, à miséria[44].

Esse estado de desigualdade não pode ser legítimo, porquanto ninguém tem o direito de escravizar seu semelhante. Esse é um ato contrário à natureza humana e fere em profundidade os direitos soberanos alienados à coletividade, mediante o Contrato Social. François Châtelet sintetiza com precisão a natureza desse pacto.

> Ameaçados em sua segurança, os homens são levados a consentir numa certa "organização" política, a firmar um certo "Contrato Social" [...]. Assim, é fundada a sociedade política, com base num contrato tão sábio e refletido quanto *iníquo*, porque deu "novos entraves ao fraco e novas forças aos ricos", porque fixou para sempre – para *garanti-la* – a desigualdade entre os homens. Portanto, é inútil polemizar sobre a lei do mais forte ou sobre a autoridade paterna; é errar de argumento e, portanto, de adversário. A luta contra o despotismo

---

[44]. Ibid., p. 190.

exige, preliminarmente, essa compreensão do político; e, se é difícil convencer os homens a se revoltar, isso se dá porque, na origem, eles não se lançaram na escravidão por capricho; porque todos correram para seus grilhões, sua liberdade; porque não viram que as vantagens relativas e provisórias da segurança que esse contrato lhes proporcionava os levavam irremediavelmente à alienação de sua liberdade[45].

O Estado foi constituído para assegurar a liberdade dos cidadãos e não para escravizá-los. No império das desigualdades, as leis deixaram de refletir a vontade geral para defender os interesses de uma parcela da coletividade em detrimento da outra.

Não é qualquer lei que impõe a obrigação de obediência e representa o pacto social. É condição indispensável que a lei seja legítima para que seja válida e imponha obediência. A lei deve ser democrática, isto é, ser elaborada com a participação de todos, por si ou por seus representantes, em iguais condições. Porque, em caso contrário, não haverá leis, norma de conduta obrigatória livremente adotada pela coletividade, e sim arbítrio, privação da liberdade de uns em benefício de outros. "Convenhamos, pois, que a força não faz direito, e que não se é obrigado a obedecer senão às autoridades legítimas"[46].

---

45. CHÂTELET, F. *História das ideias políticas*. Rio de Janeiro: Zahar, 2000, p. 72-73.

46. ROUSSEAU, J.-J. *O Contrato Social e outros escritos*. Op. cit., p. 25.

Décima Lição

A dupla face do Contrato Social

O ponto central do exercício teórico de Rousseau repousa na recusa de aceitar a perda da liberdade humana como definitiva e na busca de uma via para que o homem recupere esta liberdade.

Reconhecendo a impossibilidade de retroceder ao estado de natureza, sacrificando, assim, as conquistas da civilização e do progresso, Rousseau vislumbra a possibilidade de reunificação do homem no seio da sociedade.

Mesmo submetido às influências malévolas da civilização, o homem conserva suas qualidades naturais de livre-arbítrio e sentido de perfeição. Esse fato permite que o homem, na e através da sociedade amplie seus horizontes intelectuais, alcançando "o enobrecimento dos sentimentos e a elevação da alma".

A civilização, em si e por si, não é condenada, senão os seus males, "os abusos do estado social civilizado". Porque, afinal, a civilização permite ao homem evoluir de "um ser estúpido e limitado" para a condição de "criatura inteligente".

O problema reside, assim, em encontrar a fórmula que permita ao homem recuperar as liberdades perdidas sem voltar ao estado de natureza. Fórmula que concilie a vida em sociedade com o exercício das antigas liberdades. Essa fórmula há que ser um novo pacto social, que permita ao homem garantir, na sociedade, o máximo de liberdade para cada indivíduo.

Tal como o conceito do estado de natureza, o conceito de Contrato Social obedece ao mesmo critério na sua elaboração. Rousseau não cogita da existência histórico-concreta da realização de um pacto primordial, que deu origem à sociedade e ao Estado. A existência do pacto social é mais psicológica do que histórica. Nós vivemos em sociedade como se obedecêssemos a uma convenção.

> O contrato não é um fato histórico, mas um critério de explicação de ordem jurídica. Em mais de uma passagem de suas obras fundamentais sobre o assunto, Rousseau faz questão de observar que as suas observações não devem ser tomadas no sentido factual e histórico, mas sim em sentido hipotético. Vivemos "como se" tivesse havido um contrato; e a sociedade legítima é aquela que se desenvolve tendo como pressuposto lógico a ideia de um contrato concluído segundo puras exigências racionais[47].

---

47. REALE, M. *Filosofia do Direito*. Op. cit., p. 284.

O contrato estaria, destarte, na própria natureza do homem, na sua índole psicológica. É a sua própria razão de ser. Assim, o contrato existiria em potência, no homem, antes mesmo de realizar-se. O que permite explicar a passagem do homem natural ao homem civil, isto é, a passagem do estado de natureza ao estado de sociedade.

> O Contrato Social não pretende representar um fato, mas apenas [...] uma medida e um critério racional das coisas. O que pretende afirmar-se, segundo essa doutrina, não é, na verdade, que o Estado realmente nascido de um verdadeiro contrato elaborado entre verdadeiros homens de carne e osso, mas simplesmente que o valor do Estado deve ser medido e apreciado à luz do êxito ou do insucesso com que no-lo podemos representar sob a forma de um contrato entre homens construídos como seres racionais[48].

O conceito de Contrato Social permite a Rousseau explicar a origem da sociedade civil e do Estado e, ao mesmo tempo, serve-lhe como projeto político para reestruturar a realidade vivida pelo homem, baseada na desigualdade. Houve um pacto primevo, a vida em sociedade e a instalação da desigualdade entre os homens desnaturou-o, rompeu-o; trata-se de recompô-lo para que o homem recupere sua liberdade. O Contrato Social está, assim, no

---

48. RADBRUCH, G. *Filosofia do Direito*. 5. ed. Coimbra: Armênio Amado, 1974, p. 284.

passado e no futuro da sociedade. Assim o foi, assim será.

Esquema 10

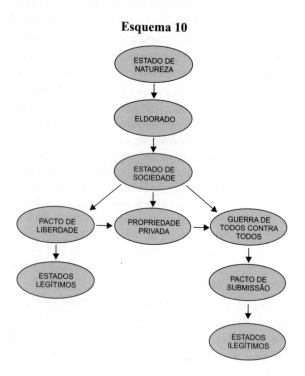

Conclusão

Rousseau soube, como ninguém, fazer a crítica da sociedade feudal. Analisando a passagem do estado de natureza para o estado de sociedade chega, mesmo, a realizar uma abordagem bastante próxima da análise materialista de Marx.

> Em Rousseau já nos encontramos [...] com um processo quase idêntico ao que Marx desenvolve em *O capital*. Além de todas as expressões dialéticas que são exatamente as mesmas empregadas por Marx, encontramos também processos antagônicos por natureza, cheios de contradições, contendo a transmutação de um extremo em seu contrário e, finalmente, o ponto nevrálgico da questão, a negação da negação[49].

Entretanto, no momento em que vê na contradição entre o homem essencial e o meio social que o nega a mola mestra da história, dá um enfoque eminentemente idealista ao problema.

Não sabendo identificar as causas reais do estabelecimento do Estado, a perspicácia de Rousseau, que o levou a identificar na propriedade privada um

---

49. ENGELS, F. *Anti-Dühring*. Rio de Janeiro: Paz e Terra, 1976, p. 119.

dos males da sociedade, perde-se no vazio de elucubrações idealistas.

Por outro lado, os agentes sociais da transformação nunca são mencionados. Isso porque o protagonista das transformações sociais, para ele, é o homem individualizado, que se teria pervertido com o progresso social.

Esta é a razão pela qual somente através da educação, que conscientizaria os homens em geral, é que Rousseau vislumbra a possibilidade de realização prática do seu projeto de reorganização social.

Mesmo aí, o homem é tomado independentemente da classe social a que pertence, isto é, independentemente de seus interesses concretos de classe. O homem é chamado, através da educação, a renovar as bases da convivência social pela celebração de um pacto democrático, obedecendo aos ditames da razão.

Para Rousseau, os homens ter-se-iam desencaminhado, mas podem reparar este erro por meio da celebração de um novo pacto social, que acabará com a tirania e as injustiças.

Tudo depende, pois, do livre-arbítrio, da vontade individual de cada homem, que é livre para continuar escravo ou para reencontrar a sua liberdade. Neste sentido, Rousseau produziu um discurso utópico carregado de um inegável sabor escatológico.

Com efeito, ele não vê que, a partir da divisão da sociedade em classes antagônicas, é a ação das classes sociais que passa a determinar o curso da história. As pessoas, na sociedade, sentem, pensam, agem politicamente como membros de uma classe social.

Não adianta, pois, dirigir-se aos indivíduos isoladamente. Pertencentes a classes sociais distintas, estes indivíduos se posicionarão de forma antagônica em relação ao projeto de reorganização social, baseado no pacto livre e democrático proposto por Rousseau.

Ademais, as transformações econômicas, sociais e políticas ocorreram, não por um desvio ou falsa alternativa, como quer Rousseau, mas por necessidade histórica. A escravidão, a exploração do homem pelo homem foi o preço a pagar pelo progresso.

Rousseau raciocinou como se a evolução social dependesse da vontade humana. A liberdade, entretanto, é limitada pelo estágio de desenvolvimento em que se encontra o homem, pelas necessidades e imperativos do desenvolvimento socioeconômico, pelas condições históricas da evolução do processo produtivo.

É certo que o progresso material implicou certa regressão espiritual, mas esta regressão não é definitiva. É possível mesmo conciliar o progresso material do homem com o seu enriquecimento espiritual.

Essa conciliação, porém, não se fará mediante o Contrato Social. A sociedade sonhada por Rousseau somente pode ser construída através de uma reformulação global das estruturas que envilecem o homem e servem de respaldo à opressão e à tirania.

Assim, somente as vítimas do arbítrio é que poderão ser os agentes dessa transformação. A nova sociedade seria, então, uma revivescência da liberdade, igualdade e fraternidade vividas pelo homem na aurora dos tempos, mas sob uma forma nova e qualitativamente superior.

Apesar de seu visceral calvinismo, Rousseau assume por vezes uma atitude deísta. Esse fato tem como decorrência a utilização de recursos conceituais abstratos para fins heurísticos, que se desenvolvem ao largo das teses ortodoxas de Calvino. Assim, a doutrina da presdestinação, de matriz agostiniana, não limita sua abordagem do homem como ser, naturalmente, bom.

Burguês, republicano, protestante, revolucionário, excessivamente eloquente quanto ao deísmo, conquistado pelo bucolismo do campo, onde a natureza mostra-se em toda a sua exuberância, não poderia deixar de fazer a apologia do sonho e de pregar o porvir dos povos. Ao marchar para a velhice, deixa-se conduzir pela emoção da simpatia de que fala David Hume.

A intensidade do seu estilo – composto de vários estilos, em verdade –, prodigioso em seu labor linguístico, é a resultante lógica de quem calcou o plano de sua obra sobretudo na força da imaginação. O que explica também haver, em seu estilo, não apenas o hino à natureza, mas a agitação, uma certa falta de grandiosidade que dele esperamos, da nobreza que a personalidade descontinuamente enfática lhe subtrai por meio da arrebatada tenacidade que constitui o seu talento deseducado e autodidata.

O ponto de partida do presente trabalho está ancorado em posição crítica frente ao pensamento de Jean-Jacques Rousseau, principalmente no que tange às soluções idealistas dadas aos problemas reais colocados pela ideologia do seu tempo. Nesse ponto convém destacar a posição crítica de Bakunin.

> A definição materialista, realista e coletivista da liberdade, completamente oposta à dos idealistas, é a seguinte: o homem não se torna homem e não chega à consciência e à realização de sua humanidade, senão através da sociedade e somente pela ação coletiva de toda a sociedade. Ele se emancipa do jugo da natureza externa pelo trabalho coletivo, ou social, o único que é capaz de transformar a superfície da terra em uma morada favorável ao desenvolvimento da humanidade. Sem essa emancipação material não pode haver a emancipação intelectual e moral para ninguém. O homem não pode emancipar-se do jugo de sua própria natureza, ou seja, não pode subordinar seus instintos e os movimentos do seu próprio corpo na direção de seu espírito, mais e mais desenvolvido, sem que seja por intermédio da educação e da instrução; mas, ambas são coisas eminentemente sociais; porque o homem fora da sociedade teria permanecido um animal selvagem ou um santo, o que significa mais ou menos o mesmo. Finalmente, o homem sozinho não

pode estar ciente de sua liberdade. [...] A liberdade não é, portanto, um fato isolado, mas de reflexão mútua, não de exclusão, mas sim, ao contrário, de aliança, pois a liberdade de cada indivíduo não é outra coisa que o reflexo de sua humanidade ou de seu direito humano na consciência de todos os homens livres, seus irmãos, seus pares[50].

A proposta de explicação é a de tentar articular a especificidade do discurso ideológico de Rousseau com a análise materialista. Sem dúvida, encontramo-nos diante de duas concepções opostas. A primeira, que historicamente se corporificou no contexto das lutas da burguesia contra a aristocracia e que ainda hoje constitui o apanágio das visões de mundo burguesas. É a concepção individualista do mundo. Teoricamente ela se apoia na crença nos "direitos naturais dos indivíduos", na harmonia espontânea, na qual prevalece a liberdade. A segunda concepção acredita que somente a "prática social" poderá fornecer o conhecimento da sociedade humana. Tal concepção descobriu uma realidade social histórica e lógica, na qual a multiplicidade das contradições no homem, na história e até na natureza são evidentes. Trata-se da concepção materialista do mundo que, devido ao seu caráter de práxis revolucionária, supera as interpretações anteriores, pois considera o homem (individual e socialmente) como ser histórico.

---

[50]. BAKUNIN, M. *Dios y el Estado*. Op. cit., p 53.

Em sua práxis, o homem toma-se ele próprio. Todavia, não se confunde com a práxis e, no entanto, dela não se separa. Nada existe neste ser que não seja fruto da interação dos indivíduos, dos grupos, das classes, das sociedades. Daí sua originalidade, sua novidade. Já não se trata, pois, de refletir abstratamente sobre a organização social, a luta entre a tendência espontânea à desigualdade pela "força das coisas" e o "pacto social", que garante ao homem, em sociedade, o máximo de liberdade. Nessa perspectiva, a consideração da sociedade como um todo está condicionada ao progresso de cada indivíduo que obtém êxito econômico, e aos grupos de indivíduos (classes) que alcançam maior sucesso material.

Nesse sentido, uma tal reflexão ignora que os elementos acima evocados possuem um sentido concreto, uma existência concreta, e que não se pode isolá-los nem considerá-los em separado do seu movimento real e histórico. O que escapa à perspectiva rousseauniana é sua inclinação em revelar uma sociedade ideal sem contudo perceber a natureza antagônica, contraditória, das relações naturais e humanas. Claro que essa concepção do mundo explica-se tendo presente que uma tal visão assumia e exprimia a realidade de sua própria vida social, das suas próprias condições de existência, e do que efetivamente ocorria no seio da sua própria classe social.

Referências

ALTHUSSER, L. *Política e história*. São Paulo: Martins Fontes, 2007.

_____. *Política e história, de Maquiavel a Marx*. São Paulo: Martins Fontes, 2007.

_____. *Sobre o Contrato Social*. Lisboa: Iniciativas Editoriais, 1976.

BAKUNIN, M. *Dios y el Estado* – Proyecto Espartaco 2000-2002 [Disponível em http://www.espartaco.cjb.net].

CASSIRER, E. *A questão Jean-Jacques Rousseau*. São Paulo: Unesp, 1999.

CHÂTELET, F. *História das ideias políticas*. Rio de Janeiro: Zahar, 2000.

COLLETTI, L. *De Rousseau a Lenine*. Paris/Londres/Nova York: Gordon & Beach, 1972.

DELLA VOLPE, G. *Sociologia*. São Paulo: Ática, 1980 [org. por Wilcon Jóia Pereira].

DERATHÊ, R. *Jean-Jacques Rousseau et la science politique de son temps*. Paris: Libraire Philosophique, 1974.

DERRIDA, J. *Gramatologia*. São Paulo: Perspectiva, 1973.

EFÍMOV, N. *História moderna*. Rio de Janeiro: Vitória, 1960.

ENGELS, F. *Anti-Dühring*. Rio de Janeiro: Paz e Terra, 1970.

FERREIRA, R.V.L. *Reflexões sobre o Estado na Modernidade*. Maceió: Edufal, 2000.

FORTES, L.R.S. *O bom selvagem*. São Paulo: FTD, 1989.

_____. *Rousseau*: da teoria à prática. São Paulo: Ática, 1976.

FRANCISCO, M.F.S. "Jean-Jaques Rousseau – O ápice do republicanismo". *Novo Manual de Ciências Políticas*. São Paulo: Malheiros, 2008, p. 250-267.

LIPSON, L. *A civilização democrática*. Rio de Janeiro: Zahar, 1966.

MOSCA, G. & BOUTHOUL, G. *História das doutrinas políticas*. 3. ed. Rio de Janeiro: Zahar, 1968.

MacPHERSON, C.B. *A democracia liberal*: origens e evolução. Rio de Janeiro: Zahar, 1978.

MERQUIOR, J.G. *Rousseau e Weber*. Rio de Janeiro: Guanabara, 1980.

OLIVEIRA, A.E. *Jean-Jacques Rousseau* – Pedagogia da liberdade. João Pessoa: UFPb, 1977.

PATEMAN, C. *Participação e Teoria Democrática*. Rio de Janeiro: Paz e Terra, 1992.

PEREIRA, C.M.S. *Instituições de Direito Civil*. Vol. III. São Paulo/Rio de Janeiro: Forense, 1970.

RADBRUCH, G. *Filosofia do Direito*. 5. ed. Coimbra: Armânio Amado, 1974.

REALE, M. *Horizontes do Direito e da história*. 2. ed. São Paulo: Saraiva, 1977.

_____ *Filosofia do Direito*. 2 vols. São Paulo: Saraiva, 1972.

ROUSSEAU, J.-J. *Cartas escritas da montanha*. São Paulo: Educ/Unesp, 2006.

_____. Carta a Beaumont. Apud FORTES, L.R.S. *O bom selvagem*. São Paulo: FTD, 1989.

_____. *Discurso sobre a origem e os fundamentos da desigualdade entre os homens*. Brasília: UnB, 1985.

_____. *O Contrato Social e outros escritos*. São Paulo: Cultrix, 1978.

_____. *Discours sur l'origins de L'inégalité* – Extrait (La Penses Anthropologique de J.-J. Rousseau). Paris: Nouveaux Classiques Larousse, 1972.

_____. *As confissões*. 2 vols. São Paulo: Atena, 1959.

_____. *Obras*. 2 vols. Rio de Janeiro/Porto Alegre/São Paulo: Globo, 1958.

_____ *O Contrato Social*. 5. ed. São Paulo: Brasil, 1952.

_____. *La desigualdad entre los hombres*. Buenos Aires: Tor, s.d.

SCHILLING, K. *História das ideias sociais*. Rio de Janeiro: Zahar, 1974.

SIMPSON, M. *Compreender Rousseau*. Petrópolis: Vozes, 2009.

STAROBINSKI, J. *Jean-Jacques Rousseau*: a transparência e o obstáculo. São Paulo: Companhia das Letras, 1991 [Trad. de Maria Lúcia Machado].

_____ *Jean-Jacques Rousseau*: la transparence et l'obstacle. Paris: Gallimard, 1971.

STRASSER, H. *A estrutura normativa da Sociologia*. Rio de Janeiro: Zahar, 1978.

WEFFORT, F.C. (org.). *Os clássicos da política 1*. 14. ed. São Paulo: Ática, 2006.

WINDELBAND, W. *História general de la Filosofía*. México: Ateneo, 1960 [Trad. da 15. ed. alemã. Apêndice sobre filosofia do século XX por Heinz Heimsoeth].

ÍNDICE DOS ESQUEMAS

Esquema 1, 25

Esquema 2, 34

Esquema 3, 34

Esquema 4, 45

Esquema 5, 46

Esquema 6, 52

Esquema 7, 60

Esquema 8, 64

Esquema 9, 65

Esquema 10, 78

COLEÇÃO 10 LIÇÕES
Coordenador: *Flamarion Tavares Leite*

– *10 lições sobre Kant*
Flamarion Tavares Leite
– *10 lições sobre Marx*
Fernando Magalhães
– *10 lições sobre Maquiavel*
Vinícius Soares de Campos Barros
– *10 lições sobre Bodin*
Alberto Ribeiro G. de Barros
– *10 lições sobre Hegel*
Deyve Redyson
– *10 lições sobre Schopenhauer*
Fernando J.S. Monteiro
– *10 lições sobre Santo Agostinho*
Marcos Roberto Nunes Costa
– *10 lições sobre Foucault*
André Constantino Yazbek
– *10 lições sobre Rousseau*
Rômulo de Araújo Lima
– *10 lições sobre Hannah Arendt*
Luciano Oliveira
– *10 lições sobre Hume*
Marconi Pequeno
– *10 lições sobre Carl Schmitt*
Agassiz Almeida Filho
– *10 lições sobre Hobbes*
Fernando Magalhães
– *10 lições sobre Heidegger*
Roberto S. Kahlmeyer-Mertens
– *10 lições sobre Walter Benjamin*
Renato Franco
– *10 lições sobre Adorno*
Antonio Zuin, Bruno Pucci e Luiz Nabuco Lastoria
– *10 lições sobre Leibniz*
André Chagas
– *10 lições sobre Max Weber*
Luciano Albino
– *10 lições sobre Bobbio*
Giuseppe Tosi

- *10 lições sobre Luhmann*
  Artur Stamford da Silva
- *10 lições sobre Fichte*
  Danilo Vaz-Curado R.M. Costa
- *10 lições sobre Gadamer*
  Roberto S. Kahlmeyer-Mertens
- *10 lições sobre Horkheimer*
  Ari Fernando Maia, Divino José da Silva e Sinésio Ferraz Bueno
- *10 lições sobre Wittgenstein*
  Gerson Francisco de Arruda Júnior
- *10 lições sobre Nietzsche*
  João Evangelista Tude de Melo Neto
- *10 lições sobre Pascal*
  Ricardo Vinícius Ibañez Mantovani
- *10 lições sobre Sloterdijk*
  Paulo Ghiraldelli Júnior
- *10 lições sobre Bourdieu*
  José Marciano Monteiro
- *10 lições sobre Merleau-Ponty*
  Iraquitan de Oliveira Caminha
- *10 lições sobre Rawls*
  Newton de Oliveira Lima
- *10 lições sobre Sócrates*
  Paulo Ghiraldelli Júnior